La Ceremonia del

KENNETH COPELAND

JESÚS ES EL SEÑOR

KENNETH
COPELAND
PUBLICATIONS

A menos que se indique lo contrario, todas las citas bíblicas fueron tomadas de la Versión *Reina Valera 1960*.

La ceremonia del matrimonio

A Ceremony of Marriage

Traducido y editado por KCM Guatemala

ISBN-10 0-938458-15-9   30-0012S

ISBN-13 978-0-88114-305-8

18 17 16 15 14 13   10 09 08 07 06 05

Kenneth Copeland Publications
Fort Worth, TX 76192-0001

Para obtener más información acerca de los Ministerios Kenneth Copeland, visite www.kcm.org o llame al 1-800-600-7395 (sólo en EE.UU.) o al +1-817-852-6000.

La Ceremonia del
MATRIMONIO

Un mensaje de Kenneth Copeland

La unión matrimonial es la relación más estrecha que puede existir entre dos seres humanos. Cuando un hombre y una mujer deciden unirse en matrimonio, deben considerar detenidamente todas las responsabilidades del mismo. El casamiento es un asunto muy serio.

Cuando dos creyentes nacidos de nuevo están seguros de que es la voluntad de Dios que se casen; se presentan juntos ante Dios, ante un ministro y ante testigos, a fin de unir sus corazones y vidas. Realizan una declaración pública de fidelidad y amor mutuo, al pronunciar sus votos y al comprometer su vida el uno al otro.

Cuando la pareja expresa los votos matrimoniales en fe, el poder de Dios realiza un milagro. Dios los une y ante Sus ojos se convierten en un solo ser. Esta unión es un cordón de tres dobleces: Son unidos en espíritu por Dios, unidos de forma legal por el acta que firman y físicamente cuando el matrimonio es consumado.

El esposo está unido a su esposa como Jesús lo está a la Iglesia. Es una unión milagrosa.

Este libro contiene la ceremonia nupcial que yo utilizo como ministro de Dios, y se basa por completo en la Biblia.

Cada vez que realice esta ceremonia, mi fe se unirá a la suya, creyéndole a Dios por una vida de amor y armonía para los matrimonios, en el nombre de Jesús.

—*Kenneth Copeland*

La entrega de la novia

Al padre de la novia: ¿Quién entrega a la novia?

Responde el padre de la novia: Yo

Al novio: Tome a su novia; y acérquense, por favor.

A la congregación: Les pido que permanezcan de pie mientras oramos al Señor.

«Misericordioso Padre celestial, te agradecemos por el gran privilegio que nos das de pertenecer al Cuerpo de Cristo. Nos hemos reunido para presenciar el milagro de Tu amor y el poder de la obra de Tu Espíritu en la vida de esta pareja. Te damos alabanza, gloria y honor porque el poder de Tu Espíritu en nuestras vidas nos une al Padre, al Hijo y al Espíritu Santo; y nos une, además, a todos nosotros como hermanos. Te damos gracias en el nombre poderoso de Jesús. Amén».

A la congregación: Pueden sentarse.

Los deberes del esposo y la esposa

Leeré algunos versículos del capítulo cinco del libro de Efesios, y quiero que ambos presten mucha atención. Estas son palabras, tomadas de la Biblia, que el Espíritu Santo honrará mientras permanezcamos en ellas en fe.

El mundo tiene la idea de que el matrimonio es simplemente un contrato legal. Por supuesto que sí lo es (no le restamos importancia); pero al mismo tiempo, es un contrato espiritual. Pues el poder de Dios actúa cuando dos creyentes nacidos de nuevo hablan palabras de fe de acuerdo con la Palabra de Dios. En ese momento, ocurre un milagro cuando ambos liberan su fe en el poder de Dios. El Señor honra esa fe y los unifica.

Con estos pensamientos en mente, escuchen muy bien las siguientes palabras:

Las casadas estén sujetas a sus propios maridos, como al Señor; porque el marido es cabeza de la mujer, así como Cristo es cabeza de la iglesia, la cual es su cuerpo, y él es su Salvador. Así que, como la iglesia está sujeta a Cristo, así también las casadas lo estén a sus maridos en todo. Maridos, amad a vuestras mujeres, así como Cristo amó a la iglesia, y se entregó a sí mismo por ella, para santificarla, habiéndola purificado en el lavamiento del agua por la palabra, a fin de presentársela a sí mismo, una iglesia gloriosa, que no tuviese mancha ni arruga ni cosa semejante, sino que fuese santa y sin mancha. Así también los maridos deben amar a sus mujeres como a sus mismos cuerpos. El que ama a su mujer, a sí mismo se ama. Porque nadie aborreció jamás a su propia carne, sino que la sustenta y la cuida, como también Cristo a la iglesia,

porque somos miembros de su cuerpo, de su
carne y de sus huesos. Por esto dejará el
hombre a su padre y a su madre, y se unirá a
su mujer, y los dos serán una sola carne.
Grande es este misterio; mas yo digo esto
respecto de Cristo y de la iglesia.

—Efesios 5:22–32

Al novio: _____, ¿ya aceptó a Jesucristo como su Señor y Salvador personal?

> **Respuesta:** Sí

> ¿Ya recibió al Espíritu Santo para que more en usted?

> **Respuesta:** Sí, ya lo recibí.

A la novia: _____, ¿ya aceptó a Jesucristo como su Señor y Salvador personal?

> **Respuesta:** Sí

> ¿Ya recibió al Espíritu Santo para que more en usted?

> **Respuesta:** Sí, ya lo recibí.

A la novia y al novio:

Ahora de acuerdo con su declaración pública de fe, le han dado a conocer a todos que Jesucristo de Nazaret es su Señor y Salvador.

Quiero anunciar lo siguiente ante esta congregación y ante estos testigos: Cuando dos personas se unen al Señor Jesucristo por fe, de acuerdo con las propias palabras de Dios, se encuentran tan limpias como lo estaban Adán y Eva en el huerto de Edén antes de pecar. Más que sólo obtener el perdón de pecados, en la Biblia se afirma que si alguno está en Cristo es una nueva creación. Las cosas viejas pasaron, y todas son hechas nuevas.

Un milagro sucedió cuando ustedes aceptaron a Jesús como el Señor de su vida: el Espíritu Santo usó el gran poder creador de Dios para que sus espíritus nacieran de nuevo. El mismo poder que el Padre utilizó cuando levantó a Jesús de los muertos, los ha unido ahora a ustedes a Jesús.

Cuando dos creyentes nacidos de nuevo vienen ante el Todopoderoso para que los una como marido y mujer, ocurre lo que el apóstol Pablo llama un **misterio**: «*... mas yo digo esto respecto de Cristo y de la iglesia*». Cuando aceptaron a Jesús como el Señor de su vida, ustedes se unieron a Él. En 1 Corintios 6:17 se indica que ahora son un espíritu con Él. En Efesios se afirma que ustedes son una sola carne con Cristo. Ustedes le pertenecen a Dios como Él les pertenece a ustedes. Ustedes dos y Él se vuelven uno.

Si ustedes pueden discernir de forma correcta el Cuerpo de Cristo, entonces pueden comprender el milagro que ocurre en el matrimonio. Sus espíritus se unifican, y se vuelven uno. Más allá de sólo estar unidos ante la ley, habrá algo mucho más poderoso entre ustedes: serán unidos por el gran poder creador de Dios. El mismo poder que los unió a Jesús cuando lo aceptaron como su Señor, es el mismo que los enlazará a ustedes dos.

Jamás intenten alterar esta unión. El amor de Dios no declara: "Te amo, pero ¿me amas tú a Mí?". Este amor sencillamente dice: «Te amo». Eso es lo que siempre manifiesta. Nunca interfieran en este milagro. Jamás permitan que el sol se ponga sobre su enojo. Pues algo santo, impecable en sus corazones, ocurrirá gracias al Espíritu de Dios; lo cual es hermoso.

A los testigos:

Testigos escuchen esto:

En Mateo 18:19, Jesús dijo: «*Otra vez os digo, que si dos de vosotros se pusieren de acuerdo en la tierra acerca de cualquiera cosa que pidieren, les será hecho por mi Padre que está en los cielos*».

Ustedes no están aquí por una tradición, sino con un propósito serio: ser testigos de esta milagrosa unión, y ponerse de acuerdo con los novios ante Dios con lo que se llevará a cabo ahora.

Nunca interfieran en este acuerdo. Sin importar lo que venga, ustedes siempre apoyarán esta unión. Nunca traten por ningún medio de causar daño a esta relación.

A la congregación:

A los ojos del Dios todopoderoso, esta pareja está lavada con la sangre del Cordero —Jesucristo de Nazaret—. Ellos han orado y ante Dios creen con todo su corazón que la perfecta voluntad del Padre es que se unan en el Espíritu. Ellos tomaron una decisión, así que desde ahora hasta el fin de los tiempos, yo les encomiendo que hagan todo lo que se encuentre a su alcance para que esta pareja permanezca sólida, fuerte, feliz y próspera.

El infortunio vendrá a cualquiera que trate de corromper esta unión e impedir que sea próspera ante los ojos de Dios. Éste es un acontecimiento milagroso, el cual proviene del Señor.

La declaración de los votos

Al novio: _____, ¿acepta usted a _____ como su esposa, como su propia carne, para amarla como Cristo ama a la Iglesia, protegerla y cuidarla por el resto de su vida?

Respuesta: Sí, acepto.

Entonces mírela, y realice esta declaración de fe:

Yo _____, de acuerdo con la Palabra de Dios, dejo a mi padre y a mi madre para unirme a ti, a fin de ser tu esposo. De ahora en adelante, seremos uno.

A la novia: _____, ¿acepta usted a _____ como su esposo, sujetándose a él como al Señor; respetándolo como la cabeza de esta unión por el resto de su vida?

Respuesta: Sí, acepto.

Entonces mírelo, y realice esta declaración de fe:

Yo _____, de acuerdo con la Palabra de Dios, me sujeto a ti para ser tu esposa. De ahora en adelante, seremos uno.

La presentación de los anillos

Al novio:

Déme el anillo de la novia, por favor.

Este anillo es un artículo muy precioso, una prenda de fe y amor. Está hecho de un metal valioso. Es una circunferencia sin fin que simboliza el continuo amor de Dios, un amor que nunca falla, no es arrogante, ni se envanece. El amor y la fe de Dios permiten que Su poder obre en sus vidas.

Usen sus anillos como un recordatorio de la confesión de fe que se han hecho el uno al otro y al Señor.

En la Palabra de Dios se afirma: *«Sobre todo, tomad el escudo de la fe, con que podáis apagar todos los dardos de fuego del maligno»* (Efesios 6:16). Si alguien puede romper esta relación es Satanás; por tanto, nunca le den lugar. ¡No le den lugar! Su matrimonio es para siempre.

Al novio:

Tome este anillo, colóquelo en el dedo de la novia, y dígale:

Con este anillo me uno a ti. Es una muestra de mi amor por ti, y es una muestra de la fe que libero en este momento, en el nombre de Jesús.

A la novia:

Déme el anillo del novio, por favor.

Al novio:

Un anillo puede significar dos cosas. Puede ser un símbolo de amor eterno, o puede ser un grillete. Le recomiendo que recuerde siempre lo siguiente: El lugar de esta dama es a su lado, no bajo sus pies. Usted tiene la responsabilidad espiritual de ser la cabeza de esta unión. Quiero que use este anillo como un recordatorio de que ella es su compañera. Esta sortija nunca deberá ser un grillete de dominio, sino un recordatorio de fe y amor.

A la novia:

Quiero que coloque este anillo en el dedo de él, tomando en cuenta que en ninguna parte de la Biblia se da derecho a las personas a dominarse la una a la otra. Los votos que han hecho establecen que ustedes se someterán el uno al otro en las responsabilidades de esta vida, esperando que Dios y Su poder marquen siempre la diferencia. Así pues, colóquele en anillo y dígale:

Con este anillo me uno a ti. Te lo entrego como una muestra de mi fe. Creo con todo mi corazón que nuestra unión es para siempre. Este anillo simboliza mi amor y mi fe, en el nombre de Jesús.

La declaración

A la novia y al novio:

Unan su mano derecha, por favor.

Como representante de Jesucristo, ante el Dios todopoderoso y en el nombre del Padre, de Su Hijo Jesús, y por el poder del Espíritu Santo de Dios; declaro que ustedes dos ahora son uno. Ahora son marido y mujer.

La Santa Cena

A la novia y al novio:

Por favor, arrodíllense para recibir la Santa Cena.

Como creyentes, ambos han participado antes de la Santa Cena. Ustedes saben lo que representa: significa que vivimos bajo un pacto con Dios. Este pacto fue ratificado con la sangre derramada de Jesús en el Calvario.

Ahora podemos ver algo completamente nuevo. Cuando cada uno de ustedes nació otra vez, se transformó en una nueva criatura en el Señor. Pero ahora, unidos, son una nueva criatura en Cristo, pues son un solo ser. Cuando estén de acuerdo en algo se les cumplirá, pues tienen un poder asombroso a su disposición. Notarán que un nuevo reino comenzará en su vida, gracias a la ley espiritual que establece que un individuo puede hacer huir a mil, pero dos pueden hacer huir a 10,000. A partir de hoy, su vida espiritual será 10,000 veces más poderosa de lo que antes fue.

Es importante que en estos primeros momentos como matrimonio, honren al Señor honrando Su mesa.

Jesús dijo: «*Tomad, comed; esto es mi cuerpo que por vosotros es partido...*» (1 Corintios 11:24).

Dé el pan a la pareja

El precioso cuerpo de Cristo tomó las enfermedades y llevó las dolencias de ustedes. Ahora unidos tienen, en el nombre de Jesucristo, el poder y la fe que Dios les ha dado para detener toda enfermedad, dolencia, tormenta de la vida y todo lo que el infierno pueda traer en contra de cualquier matrimonio. A través del cuerpo de Cristo, representado en estos pedazos de pan, ustedes han recibido en sus manos el maravilloso poder del Dios todopoderoso.

Jesús también dijo: "Ésta es mi sangre que ratifica el pacto. Tomen de ella y cada vez que lo hagan, háganlo en memoria de mí" (1 Corintios 11:25, *paráfrasis del autor*).

Quiero que mientras están bebiendo, recuerden lo que el Señor ha hecho por ustedes, el pacto que ha puesto a su disposición y el poder que les ha entregado.

Dé la copa a la pareja

A la novia y al novio: Pueden levantarse.

Bendiciendo la unión

En Gálatas 3:13–14, leemos que Cristo nos redimió de la maldición de la ley, haciéndose por nosotros maldición, a fin de que la bendición de Abraham pudiera llegar a los gentiles por medio de Jesucristo, a fin de que fuéramos herederos de la promesa del Espíritu.

En 1 Pedro 3:7 se nos enseña que el hombre y su esposa son coherederos de la gracia de la vida.

Les leeré su bendición y su herencia, así que presten mucha atención.

De acuerdo con Deuteronomio 28 todas estas bendiciones vendrán sobre ustedes y los alcanzarán si escuchan atentamente la voz del Señor, su Dios:

Bendito serás tú en la ciudad, y bendito tú en el campo. Bendito el fruto de tu vientre, el fruto de tu tierra, el fruto de tus bestias, la cría de tus vacas y los rebaños de tus ovejas. Benditas serán tu canasta y tu artesa de amasar. Bendito serás en tu entrar, y bendito en tu salir. Jehová derrotará a tus enemigos que se levantaren contra ti; por un camino saldrán contra ti, y por siete caminos huirán de delante de ti. Jehová te enviará su bendición sobre tus graneros, y sobre todo aquello en que pusieres tu mano; y te bendecirá en la tierra que Jehová tu Dios te da. Te confirmará Jehová por pueblo santo suyo, como te lo ha jurado, cuando guardares los mandamientos de Jehová tu Dios, y anduvieres en sus caminos. Y verán todos los pueblos de la tierra que el nombre de Jehová es invocado sobre ti, y te temerán. Y te hará Jehová sobreabundar en bienes, en el fruto de tu vientre, en el fruto de tu bestia, y en el fruto de tu tierra, en el país que Jehová juró a tus padres que te había de dar. Te abrirá Jehová su buen tesoro, el cielo, para enviar la lluvia a tu tierra en su tiempo, y para bendecir toda obra de tus manos. Y prestarás a muchas naciones, y tú no pedirás prestado. Te pondrá Jehová por cabeza, y no por cola; y estarás encima solamente, y no estarás debajo, si obedecieres los mandamientos de Jehová tu Dios, que yo te ordeno hoy, para que los guardes y cumplas.

Presentación ante la congregación

Al novio:

Ahora puede besar a la novia.

A la novia y al novio:

Por favor, vuélvanse hacia la congregación.

A la congregación:

Damas y caballeros, les presento a los esposos
_____.

Acerca del autor

Kenneth Copeland es cofundador y presidente de los Ministerios Kenneth Copeland de Fort Worth, Texas. Además, es autor de libros *best sellers* entre los cuales se encuentran: *How to Discipline Your Flesh,* y *Honor—Walking in Honesty, Truth and Integrity.*

Durante más de 42 años, él ha trabajado como ministro del evangelio de Cristo y como maestro de la Palabra de Dios. Adicionalmente, ha grabado discos como cantante y ha recibido nominaciones al premio Grammy por sus álbumes: *Only the Redeemed, In His Presence, He Is Jehovah, Just a Closer Walk,* y por el más reciente, *Big Band Gospel.* También es coprotagonista, interpretando el papel de *Wichita Slim,* de los videos infantiles: *The Gunslinger, Covenant Rider,* y de la película: *The Treasure of Eagle Mountain.* Asimismo, actúa como *Daniel Lyon* en los videos *Commander Kellie and the Superkids: Armor of Light,* y *Judgment: The Trial of Commander Kellie.*

Con la ayuda de sus colaboradores de las oficinas de Estados Unidos de Norteamérica, Canadá, Inglaterra, Australia, Sudáfrica, y Ucrania, Kenneth está cumpliendo su visión de predicar valientemente la Palabra de Dios no adulterada —desde la cima más alta hasta el valle más bajo, y en todos los confines del mundo—. Su ministerio alcanza a millones de personas en todo el planeta por medio de su programa de televisión, página web, revistas, seminarios, campañas, casetes, discos compactos y videos de enseñanzas.

Adquiera más información acerca de los Ministerios Kenneth Copeland visitando nuestra página web **www.kcm.org**

Printed in the USA
CPSIA information can be obtained
at www.ICGtesting.com
LVHW091213010324
773177LV00001B/60

9 780881 143058